बनवारी धाम प्रथम पुष्प

नरेन्द्र नाथ दास

सतपुरुष बनवारी साहेब

यह शरीर जड़ है। आत्मा चेतन अखंड निर्विकार स्वयंभू के कारण नश्वर शरीर के सारे अंग क्रियाशील हैं। इस सतज्ञान को मैंने सत कबीर साहेब का वर्तमान स्वरूप सत बनवारी साहेब से जाना।

-नरेन्द्र नाथ दास।

सत कबीर बनवारी धाम,

ढोढ़ाकोला, डोमचांच, कोडरमा, झारखंड।

क्रम-सूची

क्रम-सूची

क्रम-सूची

प्रस्तावना

शरीर जड़,मन जड़ और चेतन आत्मा अजन्मा अगोचर निराकार निर्विकार स्वयंभू सत का ज्ञान परमावश्यक है। पांच तत्वों का शरीर निर्मित है। सोलह वासनाओं की मोटरी मन है।चेतन की अनुपस्थिति में शरीर शव है। चेतन शरीर में वर्तमान है। चेतन बिन शरीर की सारी क्रियाएं बंद।चेतन से साक्षात्कार ही सतज्ञान है। सतज्ञान होने पर पुनर्जन्म मिट जाता है। मेरा शुभाशीर्वचन है जनमानस सतज्ञान हेतु इस पावन पवित्र पुस्तक से अवश्यमेव ज्ञान प्राप्त करें।

सत साहेब साहेब बंदगी!

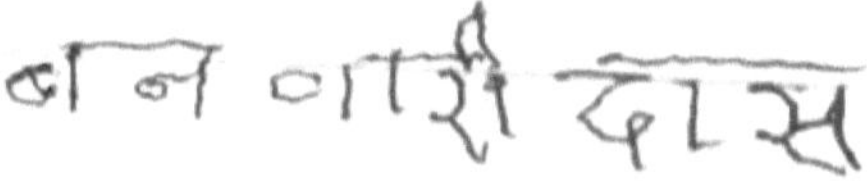

बनवारी साहेब, हजारीबाग (झारखण्ड)

भूमिका

भारत एक पावन पवित्र सत कबीर साहेब की अवतरण भूमि है। इस धराधाम पर गर्भस्थ आना पड़ता है। सतपुरुष सतगुरु कबीर साहेब प्रकाश रुप में काशी के लहरतारा में कमलपुष्प ज्येष्ठ मास में पूर्णिमा की आधी रात में अवतरित हुए हैं। उनकी सतवाणी हमें सत चेतन के दर्शन में अहम भूमिका निभाती है।

विनीत

नरेंद्र नाथ दास

बनवारी धाम

ढोढ़ाकोला डोमचांच कोडरमा झारखंड।

सम्पर्क: 7992473766.

1. सबकी हमारी आंखें देखती है झूठी

सबकी हमारी आंखें,
देखती है झूठी।
झूठे ने जाया झूठे को,
झूठ ही रूठी।।
जग दीखता झूठा है,
झूठे की खेल।
यही जग है जहां,
झूठों का मेल।।
जहां तक नजर जाए,
झूठों का झूठा।
जाना चेतन को नहीं,
झूठों से टूटा।।
झूठे का शासन है,
झूठा ही विरासत है।
झूठे का शासन है,
झूठा ही विरासत है।।

झूठ झूठ सब कोई कहैं,
झूठ न चिह्नै कोई।

झूठे को जो भी पहचाना,
झूठ से निपटे सोय।।
सबकी अंखियां करें निर्माण,
झूठे झूठे का अभिमान।
सबकी सम्पदा है झूठी,
सबका है झूठा अरमान।।
सत शब्द से बचना है,
सत शब्द की न पहचान।
सत सत कहैं सब कोई,
सत का कभी नहीं है ज्ञान।।
आंखों से देखा सच्चा जाना,
जग ने भी यही है माना।
जहां नजर है वहीं शहर है,
हर शहर में झूठी ठहर है।।
कहैं नरेन्द्र नाथ दास,
है जग झूठा घर।
जो जाता है इस दुनिया से,
वापस आता सत्वर।

2. सतगुरु हमारे अंतस् में ज्ञान ज्योति है रुप

सतगुरु हमारे अंतस् में,
ज्ञान ज्योति है रुप।
हम अबोध बालक,
उनकी आशा में भवकूप।।
सत के निराकार रूप में,
साहेब हैं मेरे।
बचा लीजिए हमे सतगुरु,
विषय हैं घेरे।।
भवसागर है अथाह सतगुरु,
तैरने नहीं आता।
दुनिया की रीति निराली है,
मुझे नहीं भाता।।
मैं मुक्ति की भीख मांगता,
विषयों से कर दें दूर।
आशीष दें सतगुरु,
भर दें सतज्ञान नूर।।
मैं आया युगों युगों से,
इसी धरा पर।
मोहिनी माया मुझे पछाड़ी,
डरा डराकर।।

कर दें निर्भय हमें,
हे सतगुरु निर्मोही।
इस मृत्युलोक में आया हूं,
मैं एक बटोही।।
आते-जाते युगों युगों से,
हुई थकान।
वासनाओं के घेरे से,
भागना आसान।।
कब जागूंगा सतगुरु मैं,
मोह माया का है घेरा।
कृपा करें मुझपर सतगुरु,
हो जाए जीवन में सवेरा।।
कहैं नरेन्द्र नाथ दास,
आप बिन जल मीन।
अनुकम्पा हो न्यारी मुझ पर,
मैं होऊं सतलीन।।

3. अपनी वृति समेट कर अंदर

अनन्त मेरा नाम है,
अनन्त का निवासी।
अनन्त के सामने,
तुच्छ तेरी काशी।।
जड़ जग के लोग,
क्या जाने अनन्त।
जग जीवों को क्या पता,
मूल है अनन्त।।
अनन्त बिन जीवन,
मेरा है खंड खंड।
जीवन जीना संसार में,
है दुखद प्रचंड।।
अखंड में नहीं मिलेगा,
एक भी जयचंद।
अखंड में भरमार हैं,
खानेवाले मूलकंद।।
जीते हैं अखंड में,
शांत और निद्र्वंद्व।
अपूर्ण जिन्दगी की,
होती है बुद्धिमन्द।।

हम पूर्ण हैं,
पूर्ण का करें साक्षात्कार।
अपूर्ण में नहीं डूबे
करेंगे हाहाकार।।
हाहाकार में है,
असंतुष्टि की दुर्गंध।
अपूर्ण जीवन है,
वासनाओं का अंध।।
जीवन का चलना,
है अपूर्णता।
जीवन की थिरता,
ही है पूर्णता।।
चल चेतकर यात्री,
श्वास न देगा साथ।
स्व की आशा ही पूर्ण,
स्व कभी नहीं टूटता।।
नाम है जग,
पर खूब सोते हैं।
पूर्णता नहीं,
अपूर्णता बोते हैं।।
आयु धीरे धीरे ली,
मृत्यु की दिशा।
जीवन में छा गई,
काली निशा।।
इसी जन्म में निज को,
माया मुक्त कर।
सतगुरु की दिशा में ही,

चल निरंतर।।
नश्वर तन में कभी,
न मोह कर।
शाश्वत हो,
शाश्वत की ओर चर।।
मिल गये सतगुरु,
चिंता है क्यों अब?
चिंतन में जीयो,
कर चेतन के लिए तप।।
छाई काली बदरिया,
बीती उमरिया।
काल खड़ा है,
बजावे बांसुरिया।।
अपनी वृति,
समेट कर अंदर।
मिलेगा चेतन,
जीवन होगा सुन्दर।।
सतगुरु की चाह रही है।

4. चेतन बिन जगत है कहीं भी न खाली

चेतन बिन जगत है,
कहीं भी न खाली।
मोह माया वासनाओं को,
घट में ही पाली।।
वासनाओं को भगाकर,
ज्ञान को जगा लो।
वासनाएं जड़ हैं बैरी,
इसे ही बुझा दो।।
चेतन तुम्हारा जीवन,
वासना है तेरी मौत।
चेतन नहीं जाना,
वासनाओं की रखी फौज।।
जीने नहीं आए,
मृत्यु को जीतना है।
मृत्युंजय बन जाओ,
जीवन को सींचना है।।
दुनिया है पूरी माया,
तुम झूठ में समाया।
तुम्हें पता नहीं है,
कहां से तुम आया।।

दो नीयत लेकर नहीं आए,
दो नीयत में ही समाए।
दोनों में पले बढ़े,
दोनों का गुण गाए।।
धीरे धीरे जगत से,
दोनों अवगुण सीखे।
अवगुण में जीकर जीवन,
अपना ही भाग्य लिखे।।
अवगुण भरी यह दुनिया,
अवगुण में हम समाए।
मिले नहीं सतगुरु,
सत को न जान पाए।।
दुनिया भरी मूर्खों से,
स्वयं को मूर्ख पाए।
'म' ने जीवन को,
जीवन समझ न पाए।।
'क' से 'ह' तक पढ़ा,
जीवन को मैंने गढ़ा।
'अ' नहीं पढ़ा,
स्वयं को ही गढ़ा।।
नरेन्द्र नाथ दास कहैं,
माया में नहीं बहैं।
स्वयं को कर समर्पण,
जा सतगुरु शरण ।

5. आपका शरीर द्विधारी तलवार है

आपका शरीर,
द्विधारी तलवार है।
स्व से प्यार है,
पर से इंकार है।।
पर को भूलो,
इसमें न झूलो।
जीवन भर के लिए,
चेतन को छू लो।।
जग जानता नहीं,
बोलता कौन है?
जग जानता नहीं,
डोलता कौन है?
चेतन बिन,
आंखें हैं अंधी।
माया की,
गोद में है बंधी।।
संसार में डूबना,
छोड़ दो।
संसार से मन को,
मोड़ लो।।

संसार वासना का,
दलदल।
इसमें कैसे जीते हो,
पलपल।।
जीने नहीं आए हैं,
जग में।
जीवन मुक्त हो,
जग में।।
जीवन में जगकर,
रहना सीखो।
अपना भाग्य,
स्वयं ही लिखो।।
नरेन्द्र नाथ दास कहैं रखें नहीं,
जीवन में आस।
चेतन शाश्वत है पास।।

6. मन संशय की गहरी खाई

मन संशय की,
गहरी खाई।
मन को मान,
नहीं दो भाई।।
मन का ही,
अवगुण अभिमान।
दुनिया करती,
है जयगान।।
मन है मीन,
सदा ही चंचल।
जल बिन,
मर जाता है पलपल।।
मन को मार,
जगत को बिसारो।
तुम हो सदा,
अस्त से न्यारो।।
संसार सुन्दर,
चेतन नहीं मन को।
याद करो,
पल पल सुष्मण को।।

देख देह में,
मत कभी उलझो।
सदा याद कर,
चेतन मूल को।।
संसार सेमल फूल,
अति मनभावन।
सतत सत चेतन,
अति पावन।।
चेत मुसाफिर,
तुम हो विवेकी।
तुम स्वयंभू,
स्वयं बन नेकी।।
नहीं तन मन धन,
काम आया कभी।
छोड़ चलोगे,
जग को भज सभी।।
सोलह वासनाओं में,
खूब रोया।
अब चिंतन कर,
क्या क्या खोया?

7. पहचानें सतगुरु को कहता हूं कर जोर

इस धरा पर गुरुओं की है,
संख्या करोड़।
पहचाने सतगुरु को,
कहता हूं कर जोर।।
मैंने देखा है,
जीवों को फंसते हुए।
टूटे न शपथ से,
बचते हुए।।
दो नावों पर,
जीवन को खेते हुए।
आशाएं टूटी,
न चहेते हुए।।
है दुविधा की दुनिया,
बना गमखोर।
पहचानें सतगुरु को,
कहूंगा करजोर।।
आना जाना,
इस लोक में है ही लगा।
मुक्त करने की आशा में,
किसने ठगा?

न पहचान पाए,
गुरु नहीं है गगा(ज्ञान ज्ञाता)।
अब भी चेत भाई,
'स्व' को जगा।।
गीत गा गाकर,
जगाता हूं झकझोर।
पहचानें सतगुरु को,
कहता हूं कर जोर।।
मेरी आंखें,
हो गई है नम।
क्या करूं,
विनय मेरी सुन ले यम ?
इस ठगलोक में,
है अज्ञानतम।
बिन मुक्ति,
न निकले कभी दम।।
सतगुरु सुनेंगे,
मेरा है निहोर।
पहचानें सतगुरु को,
कहता हूं कर जोर।।

8. जय जय जय सतपुरुष साहेब बनवारी

बीस बरस में चले,
निज गृह छोड़।
तप की थी भूख जगी,
चले वन की ओर।।
थी धरती बंगाल की,
था जंगल घनघोर।
थकान नहीं तन मन,
था साहस पुरजोर।।
नींद जारी भूख जारी,
निज प्यास तीव्र जारी।
जय जय जय सतपुरुष,
साहेब बनवारी।।
थी तप्त गर्मी,
था वैशाख का महीना।
था अन्न जल नहीं,
छूट रहा था पसीना।।
यह बालक नहीं था,
था नगीना।
अंतस् की आवाज थी,
जाओ अब कहीं ना।।

विशाल बरगद पर,
लदे थे फल भारी।
जय जय जय सतपुरुष,
साहेब बनवारी।।
भाग्य भी साथ दिया,
वृक्ष था बारहमासा।
चेहरे पर आई हंसी,
दी साथ आशा।।
पास ही तालाब मिला,
बुझी उनकी प्यासा।
जल जीवन बन गया,
था जल खासा।।
बैठते ही थकान मिटी,
मिट गई नींद प्यारी।
जय जय जय सतपुरुष,
साहेब बनवारी।।
दो वर्षों की अवधि,
क्षण में ही बीत गयी।
प्रकट हुए सतकबीर की ओर,
जिन्दगी हो गई नयी।।
प्रफुल्लित तन बदन,
आभा ज्योतिर्गमयी।
खिल गई मुस्कान
और खिल गई मही।।
बालक आशीष से,
गदगद हुए न्यारी।
जय जय जय सतपुरुष,

साहेब बनवारी।।

9. मृत्यु को जीत लेना जीवन की जीत है

मृत्यु को जीत लेना,
जीवन की जीत है।
जीवन की खेल में,
यही रीति है।।
मरना एक कला है,
मरकर तो देखिए।
मर मर कर सब हैं जाते,
अब भी तो चेतिए।।
वर्तमान को न भूलें,
भूलना अतीत है।
मृत्यु को जीत लेना,
जीवन की जीत है।।
तत्वदेश का निवासी,
यह है मेरा ही तन।
शासक न और कोई,
चंचल मेरा ही मन।।
यहां के मेहमान से,
करता न प्रीत है।
मृत्यु को जीत लेना,
जीवन की जीत है।।

पानी का बुलबुला,
जग देखते सभी यहां।
जगता न कोई फिर भी,
सोया सारा जहां।।
वासी यहां के मूरख,
हमको प्रतीत है।
मृत्यु को जीत लेना,
जीवन की जीत है।।
श्वास ही जीवन की बाती,
बुझने नहीं देना।
मरने नहीं है आए,
निर्गुण स्वीकार लेना।।
जीएं सदा हंस हंस कर,
जीवन का गीत है।
मृत्यु को जीत लेना,
जीवन की जीत है।।
अनायास आपकी याद आ गई।
आए आंसू भर भर नयनों में।
निकल गई मेरी यह रचना।
समर्पित तव चरणों में।।

10. साहेब रक्षक हैं मानव तन का

साहेब रक्षक हैं मानव तन का,
इसका किसी को भान नहीं।
अज्ञानी है मानव इतना,
मानव को अपना ज्ञान नहीं।।
जब तक साहेब है इस तन में,
निज मुक्ति का प्रयास करो।
मुक्ति दाता एक साहेब हैं,
साहेब से फरियाद करो।।
साहेब बिन यह तन मुर्दा है,
मुर्दा को साहेब ढोते हैं।
साहेब को भूल जाते हैं,
साहेब बिन तन पर रोते हैं।।
साहेब की याद में तुम जीयो,
याद ही मेरी अमरता है।
जिस दिन याद नहीं करोगे,
उसी दिन यह तन मरता है।।
पल पल साहेब के,
साथ साथ जीयो।
हर सांस सांस में,
नाम पीयो।।

नाम रस ही,
संजीवनी है।
इसी से मेरी,
जीवनी है।।
साहेब को भूलना,
मरना है।
मौत को आमंत्रित,
करना है।।
मौत सदा ही,
हारेगी।
किसी जन्म में,
कभी न आएगी।।
मौत साहेब से भय खाती है,
साहेब बिन वह इठलाती है।
साहेब ही मेरे जीवन हैं।
साहेब बिन वह गीत गाती है।।
साहेब बिन मौत नचाती है,
हर आंगन में आफत ढाती है।
कोई नहीं आंगन बाकी है,
जहां अपना न रुप दिखाती है।।
साहेब बिन,
आंगन सूना है।
लोग रोते,
मेरा मुन्ना है।।
साहेब की याद,
तब आती है।
आठ आठ,

आंसू बहाती है।।
नरेन्द्र नाथ दास कहैं,
मौत से कभी नहीं डरे।
साहेब ही जीवन दाता हैं,
मौत मेरी क्या करें?

11. बन जा बच्चा नादान

बन जा बच्चा नादान,
मिट जाए सकल अभिमान।
सतगुरु अपना लेंगे,
देंगे दिखा सतज्ञान।।
बचपन में वासना नहीं जन्मी,
रहा मन पावन सदा।
अंत:करण दर्पण था मेरा,
सदा रहा सत की आभा।।
निर्दोष जीवन की छवि थी मेरी,
नहीं थी कोई भी वासना।
समर्थ सतगुरु हैं मेरे,
जल जाए सारी मेरी कामना।।
मन ही भुवन है।
तन ही भवन है।।
त्रिगुण भुवन में समाया।
है यह तन मदन की काया।।
संसार है थोथा,
जिसमें मन लीन।
संसार के सौदा में,
सभी हैं प्रवीण।।
माया मेरी पक्की बैरी।
इससे दोस्ती कर न घनेरी।।

मैं तो बचपन से हूं पावन।
मेरे लिए नहीं मनभावन।।
मन ही हमारा जीवन बैरी।
शिशु मन था पावन मेरी।।
शिशु मन में वापस जा।
वही मन पुनः तुम ला।।
मन में थी कितनी नम्रता।
सबके प्रति थी मित्रता।।
जान अनजान का भेद नहीं।
जाति धर्म का छेद नहीं।।
सारा जग लगता था मेरा।
हर जीवन में नया सवेरा।।
बचपन में वापस आ भाई।
जाति धर्म देगा मिटाई।।
तन अबोध था याद करें।
बचपन से फरियाद करें।।
लौटा बचपन हे मेरा शिशु मन।
शिशुमन ही मेरा धड़कन।।
संसार ही मेरा अपना घर था।
किसी से कोई नहीं डर था।।
हंसकर किलकारी भरते थे।
किसी से कभी न डरते थे।।
निर्भय जीवन मेरा छूट गया।
प्यार सबका टूट गया।।
सब तो मेरे अपने थे।
आज लगता है सपने से।।
वह जिन्दगी मेरी कहां गयी।

सबकी गोद में हंसी नयी।।
सभी मेरे अपने थे।
अपनों के ही सपने थे।।
नरेन्द्र नाथ दास कहैं अब।
बन जा सबका मनशिशु।।
एक ही आंगन एक ही घर।
हम हैं मानव एक ही दर।।

12. मन की कभी न धारा में बह

मन की कभी न धारा में बह।
सतगुरु की शरण में सदा ही रह।।
मन की ही है सोलह रंगी।
सबको बना दिया है भंगी।।
मन की तरंग से होगा भंग ध्यान।
नहीं मिटेगा शान आन बान।।
मन है हठीला दो नहीं प्यार।
जितना बने उतना कर वार।।
मन को प्यार करना तुम छोड़।
यह दुनिया जाओगे तोड़।।
दो नीयतों की है दुनिया खजाना।
करनी ऐसी कर फिर नहीं आना।।
मन है सपनों का बादशाह।
हंसाता कभी कराता कभी आह।।
जलाकर जीयो मन की चाह।
मन को मसल दे पकड़ सतराह।।
मन की बात कभी नहीं मान।
तभी होगा तुमको सतज्ञान।।
चेतन का होगा तुमको भान।
होगा मोह माया का अपमान।।

भाग खड़ी होगी वासनाएं।
अब न देगी हमें यातनाएं।।
जड़ मन से ही होगा लड़ना।
एक दिन तन को है मरना।।

13. ज्ञान बिना यह जीवन सूना

ज्ञान बिना यह जीवन सूना।
घट घट में चेतन है ना।।
मय बिन घट को कहते लाश।
सारी सृष्टि लगती है उदास।।
जड़ में रहना अज्ञान का है घर।
धरा पर आना जाना है सफर।।
युगों युगों से सतगुरु न मिले।
ज्ञान पुष्प कभी न खिले।।
अबतक धरा पर आना चाहोगे।
सतगुण बिन दिल कैसे रहोगे।।
चंचल मन की चंचल वासना।
तज चंचलता छूटे वासना।।
क्यों पकड़ा तुम जग में आके।
वासना लगी लगे तुम झांके।।
सतगुरु की है बात निराली।
सत संगति कभी न पाली।।
सुन सतसंग सत में जीयो।
सतसंग में सुधा रस पीयो।।
अमृत वाणी अमर कर देगी।
नश्वर देहिया जन्म न लेगी।।

पुनर्जन्म की सोच मिटा दो।
सतगुरु सेवा में जीवन बीता दो।।
पुनर्जन्म है नरक का द्वार।
सतगुरु ही करावेंगे पार।।
सतगुरु कारण मत छोड़।
सतगुरु चरण ज्ञान अंजोर।।
इसी जन्म में ज्ञान पाना।
अब न कभी धरा पर आना।।
हम सब बहुत बड़े भाग्यशाली।
बनवारी साहेब जैसे सतगुरु पा ली।।
हम लोगों का अवतार निराला।
सतगुरु ने हम सबको पाला।।
जड़ है देहिया जड़ में न रहना।
देह के साथ संगति नहीं करना।।
चेतन बिन देहिया मर जाए।
बोलो चेतन कहां समाय।।
मुर्दा तन पर किया गुमान।
चेतन का नहीं है ज्ञान।।
महल अटारी धन पगलाया।
मौत को देख मन घबड़ाया।।
वासना मौत बनकर खड़ी है।
पाला पोसा मौत बनी है।।
अब तो चेतो रो मत राही।
पकड़ लो तुम सतगुरु की बांही।।
पुनर्जन्म का खत्म हो खेल।
कर सतगुरु के चरण से मेल।।
सतगुरु बिन भवसागर न पार।

सतगुरु हैं मेरे जगतार।।
नरेन्द्र नाथ दास कहैं हमसब अतिथि।
सतज्ञान पा ले निश्चित कर ले तिथि।।
चेतन हम हैं न मिट्टी के पुतले।
अब नहीं सोओ साथी अज्ञान टूटे ।।

14. नि:तत्व से सजो मेरे भाई

नि:तत्व से सजो मेरे भाई,
शब्दजाल से ही बचना।
शब्दजाल है मृत्यु का कारण,
शब्दजाल तुम तजना।।
शब्द ही माया शब्द ही काया।
शब्द ही सृष्टि को भरमाया।।
जड़ मन की है शब्द ही देन।
मन से दूरी बनाओ बैन।।
तत्व जाल से निकलो अब।
तत्व साकार है देखें सब।।
नि:तत्व को नयन नहीं देखा।
जो देखा जग में नहीं लेखा।।
तत्व नि:तत्व की परख नहीं।
जीवन जीते हो सरस यही।।
जड़ जीवन का नाम है तत्व।
नि:तत्व जीवन है अमरत्व।।
आंखों से दीखता संसार।
आंखों से नहीं दीखता असार।।
दिव्य चक्षु देंगे सतगुरु।
निज में निज को रखो हे शुरू।।

तत्व को भूलो, जग में न झूलो,
जग है तुम्हारा सबल बंधन।
जग में जागने आया तुम,
तत्व की सेवा में बीता मत जीवन।।
धरा पर तुम्हारा भाग्य है सबल,
पाया धरा सतगुरु तुम।
जाकर सतगुरु के चरण में गिरो,
सतगुरु का मानो हुकुम।।
भाग्यवान तुम्हीं हो इसी जन्म में,
भूलो न बिसरो अज्ञानतम में।
जागो भागो माया त्यागो,
कर दर्शन अंतिम दम में।।
मिटा देंगे तेरी अज्ञानता को।
जगा देंगे तुममें तेरी भानता को।।
सत प्रकाश का कर दर्शन।
परम पावन चरण का स्पर्शन।।
नरेन्द्र नाथ दास कहैं सदा,
सतगुरु की सेवा में रहो।
मिट जाएगा तेरा पुनर्जन्म,
सत सत सदा ही कहो।।

15. दुनिया में दो नीयत है

दुनिया में दो नीयत है।
जड़ता मेरी हैसियत है।।
नेकनीयती ही खजाना।
बदनीयती है दुख पाना।।
नेकनीयती में है जीना।
सुधा जगत का पीना।।
बदनीयती है बस रोना।
अपनी साख ही है खोना।।
साख राख न हो जाए।
जिन्दगी भी न रो पाए।।
उम्र घट रही है।
माया ही बढ़ रही है।।
माया की चासनी में,
जीवन को न डुबोना।
सबकुछ खो गये हैं,
तन के लिए मरो ना।।
मरना तो एक दिन है,
हंस के मरो या रो के।
हंस हंस के जीवन जीयो,
ममता को मारो खो के।।
ममता नहीं है माता।
पुनर्जन्म उसे है भाता।।

माया मोह को जला दो।
सतगुरु से कला लो।।
सतगुरु ही मेरे रक्षक।
संसार ही है भक्षक।।
सार सतगुरु है जग में।
असार छोड़ क्षण में।।
असार घोर नरक है,
सार ही मूल धन है।
सार की पहचान कर ले,
वहीं सतवचन है।।
यथार्थ वाणी चेतन,
इसी में जिंदगी है।
सतगुरु को पाकर,
अनन्त बंदगी है।।
अनन्त ही है चेतन,
मैं भी हूं समाया।
एकत्व भाव में ही,
मानव जमीं पर आया।।
मौत आ रही है धीरे,
पता नहीं किसी को।
जग में जीया खोकर,
जीवन कहता इसी को।।
खोने बोने रोने होने का,
जीवन जीया।
कब सांस टूट जाए?
इसका नहीं पता है।
सतगुरु से दूर रहा तू,

जीवन तुमसे खफा है।।
सतगुरु की राह में,
शेष आयु को कर दान।
चाह चिंता सब जलेगी,
साहेब पर हो कुर्बान।।
हर तन साहेब बसे हैं,
साहेब का कर ध्यान।
करजोर क्षमा प्रार्थी हो,
साहेब का देख मुस्कान।।
सत में सत की मौत न होती,
सत ही साथी सत ही संबल।
सत सत जीवन संतवाणी में,
सत ही बिछौना सत ही कंबल।।

16. एक दिन जाना है तज काया

एक दिन जाना है तज काया।
साथ लगी है मोहिनी माया।।
माया की संगत में जग में फंसा।
जगना है तो माया को न बसा।।
माया मूरूख इसका देख रूख।
रखनेवाला जगत में पछताता खूब।।
माया मोहिनी है जग की रागिनी।
झट दूर हट सुभाष भाग री।।
माया जगत में पुनर्जन्म का रहट।
दूर रहना सदा पग पग पर आहट।।
माया टूटी या रूठी तुम्हें लाभ है।
मोहिनी से तू हट जा साफ है।।
सारी दुनिया माया की जेल है।
रखने वाले सभी अभी तक झेल रहें।।
जड़ की बात कर मुसीबत ना लें।
अपनी जिंदगी की माया को ना दें।।
मुस्कुराती माया गजब ढाती है।
चेतन को भूलना सिमट जाती है।।
माया को भूल ' स्व ' से मेल करो।
चेतन 'स्व' से फरियाद करो।।

पति मन की वासनाओं में हंसती है।
मन के साथ सदा बसती है।।

17. पांच तत्वों का बना यह पुतला

पांच तत्वों का बना यह पुतला।
मां के गर्भ से धरा पर उतरा।
साकार पूर्ण रूप गर्भ में तैयार।
जग में आकर बना होशियार।
नवजात शिशु निर्दोष जीवन।
केवल दूध ही पीना जाना।
मां की लोरी में किलकारी।
चुम्बन में हंसी मुस्कान मिली।
वह बालक गंगा से भी पावन।
चेतन ही उसे हंसाता है।
अबोध काल शैशवास्था।
जहां जन्म लिया वह मंदिर है।
धन्य वह घर जहां उतरा।
घर समेत चेतन आया।
हर्ष प्रमोद घर में छाया।
इसकी खिलखिलाहट हर्ष लाया।
घर परम पावन पवित्र बना।
हो माता पिता का प्यार घना।
शरीर नहीं चेतन शाश्वत आया।
उस घर को सतगुरु मिल गये।

माता पिता संस्कारित हो।
चेतन का दर्शन कर लेंगे।
वह शरीर नहीं चेतनालय है।
वह बालक सतरुप है।
वासनाओं का है खान जगत।
कर्मकांड ब्रांड पंडित पूजते।
शिशु को सतज्ञान नहीं देते।
सतज्ञान नहीं पर गांव पूजे।
नवजात शिशु को दे ज्ञान दूजे।
उनका ज्ञान बालक को भरमाया।
वह सत ज्ञान को न पाया।
सतगुरु शरण में बालक को दें।
अल्पायु में ही सत जाने।
सत ही तन की गतिविधि है।
सत की उपस्थिति में आंखें खोले।
मातापिता सतगुरु करें।
बालक संतवाणी ही निकले।
बालक ही पिता का पुनर्जन्म,
घर का है वह तारणहार।
उसके अंतस् में सतगुरु,
वहीं बालक करें बेड़ा पार।

18. ले लिया है विषय बसेरा

घर आंगन क्यों गंदा तेरा?
ले लिया है विषय बसेरा।।
सदा आंगन को बुहाराकर।
जीवन में कभी न हारा कर।।
मौत को भी तुम जीत लो।
सब दिलों को मधुप्रीत दो।।
इस जग में न डाल डेरा।
ले लिया है विषय बसेरा।।
मन मलीन तुम क्यों करते?
कर मन खाली क्यों भरते हो?
भर भर कर खुद ही रोते हो।
मोह पाश में खूब सोते हो।।
जीवन में भरा क्यों अंधेरा।
ले लिया विषय बसेरा।।
ज्ञान से मन को साफ कर।
जहां में अब न पाप कर।।
कर जीवन को हराभरा।
खुद रह जग में खरा खरा।।
तज जीवन का सब बखेड़ा।
ले लिया है विषय बसेरा।।

जीवन न मिला रोने के लिए।
जीवन है भला बोने के लिए।।
पाप पुण्य की खेती नहीं करना।
दोनों बंधनों से ही डरना।।
बंधन जीवन का है घेरा।
ले लिया है विषय बसेरा।।
चलने की बारी की प्रतीक्षा।
नहीं पूरी होगी तेरी इच्छा।।
दो जला निज वासना को।
जीवन में सदा साधना हो।।
घर आंगन सब गंदा तेरा।
ले लिया विषय बसेरा।।
नित आंगन को बुहारा कर।
प्रीत जीवन में न हारा कर।।
सत मृत्यु को जीत लेना।
सभी को तुम मधु प्रीत देना।।
जग में मत डाल डेरा।
ले लिया विषय बसेरा।।
आधी जिंदगी तुमने हारी।
अब जीतने की करो तैयारी।।
हार जीत का जीवन यह।
सतगुरु बिन गया यह ढह।।
जन्म मरण का तन डेरा।
ले लिया विषय बसेरा।।
जो जागा सो जग पहचाना।
जो भागा सो पूरा अयाना।।
जग में सौदा बिकता विष है।

अमृत वहीं जहां झुकता शीश है।।
चेतन वहीं जो जग को हेरा।
घर आंगन सब गंदा तेरा।।

• 43 •

19. बनवारी धाम चलें

बनवारी धाम चलें, बनवारी धाम चलें।
जीवन में कभी न विराम लें।।
चार दिनों का जीवन है खेल।
मुझसे सतपुरुष कर लें मेल।।
श्वास हमारी ईंधन जीने का।
कीमत जानूं श्वासा पीने का।।
एक दिन श्वास मेरी होगी बंद।
जगत में जीने का समय है चंद।।
स्व को न भूलूं, जगत में न झूलूं।
परम पिता सतपुरुष को छूलूं।।
तत्व से नि :तत्व हो लूं।
जीवन सतगुरु सेवा से ज्ञान चक्षु खोलूं।।
पल पल जीवन सत चरण में हो।
हर श्वास मेरा सदा वंदन में हो।।
जीवन मिट जाए होऊं सत में विलीन।
जबतक जीवन होउ सत में लीन।।
काया में न आऊं होऊं मायातीत।
पान करा दें सतगुरु ज्ञानामृत।।

20. मृत्यु लोक में सभी शोक में

मृत्यु लोक में सभी शोक में,
कब्रिस्तान लगता घर बार।
जिन्दा मुर्दा शव रहता है,
रोना बिलखना है हरबार।।
पागल सा लगते सब जग में,
आता जब कभी त्योहार।
रंग बिरंगे कपड़े ढंग के,
शव को रखते हैं तैयार।।
लगती दुनिया मुर्दाघर है,
मुर्दों का होता व्यापार।
सारा घर लगता है कब्र ही,
धरती कब्रों का संसार।।
कौन मरा नहीं इस धरा पर,
आना जाना है मेरी हार।
एक का आना एक का जाना।
हैं जगत का यह व्यवहार।।
जो जो आया कोई नहीं भाया, उठी सिर से साया,
है यही जगत सत्कार।
रो रोकर सब जग में आया,
किया जीवन भर नमस्कार।।

पर जीवन का भेद न ढूंढ़ा,
निज मुर्दा बन किया अपकार।
जागो जागो तुम नहीं मुर्दा,
सुन चेतन का निज पुकार।।
तुम चेतन हो तन है मुर्दा,
जाग जाग चेतन सतसार।
चेतन को जाना नहीं अबतक,
कब जाओगे तुम संगसार।।

21. तव मन विकसित प्रबुद्ध हो

तव मन विकसित प्रबुद्ध हो।
विषय वासना में नहीं सुप्त हो।।
आपको स्वरूप का सदा ही बोध हो।
विवेक जगे आत्मशोध हो।।
सदा द्रष्टा ज्ञान रूप हो।
मन इन्द्रियों का न भवकूप हो।।
विषय त्याग से मन निर्मल करें।
आत्मचिंतन से अनुराग तरल करें।।
भटके को नयी दिशा दो।
आपके न निशा हो।।
अक्षय पद का हो सब अधिकारी।
ज्ञान मार्ग में हो कोई न भिखारी।।
मन की चंचलता को छोड़ें।
आत्म संतोष से कर जोड़ें।।
वहीं देखता है सदा पद मोक्ष।
जीवन जीए सदा क्षीण दोष।।
सतगुरु के पास आचरण ज्ञान।
होगा साधक का निश्चित कल्याण।।
निर्णय बानी गुरुमुख होई।
रोचक भयानक, पूरक को खोई।।

जीव पावे जग में बनवारी धाम।
मन पंछी का काम हो तमाम।।
आसक्ति की रचना शरीर न करे।
बार बार नश्वर तन न गढ़े।।
सत रज तम गुण से चेत।
इससे कभी करें न हेत।।
समझो तो सदा पास है।
मन ही तेरा दास है।।
जब सारी आशाएं छूट गईं।
भरी परम तृप्ति की घूंट नयी।।
जीवन भर ज्ञान ज्योति जले।
मानव जीवन कभी न खले।।
मोह सदा सत से दूर करें।
आत्म ज्ञान को नूर लखे।।
हैं निःतत्व तेरा अंतिम शोध।
कर वासनाओं का प्रतिरोध।।
निःतत्व बिन तन मुर्दा है।
निःतत्व बिन जीवन दूर का है।।
तत्वों में सिमटकर मत जीना।
वासनाओं का विष नहीं पीना।।
पीना है संजीवनी पी ले।
संजीवनी संग जीवन जी ले।।
संजीवनी ही तन का शाश्वत।
कहैं दास नरेन्द्र हो आश्वस्त।।
तेरा तत्व पर जोर है।
सर्वत्र अज्ञान का शोर है।।
सभी तत्व की चोरी करे।

तत्व से तत्व की झोली भरे।।
झोली में लगा चोर है।
माया ही चारों ओर है।।
माया लगे बड़ी प्रिय।
नहीं दया उसके हिय।।
गुरुओं का जग जंजाल है।
अज्ञान की जलती मशाल है।।
फैला सर्वत्र मायाजाल है।
वहीं शक्तिमान काल है।।
अज्ञान को नहीं हरते हैं।
काल बनकर ही छलते हैं।।
सब जीव उन्हीं पर पलते हैं।
उन्हीं को पटाकर छलते हैं।।
जागो भागो इस जग से।
जाओ सतगुरु के पग में।।
सतगुरु धरा पर हैं हाजिर।
चरणों में ही तुम जाकर गिर।।
सतगुरु होते हैं दयावान।
न जग में तत्सम क्षमावान।।
जागो जागो जीव भाग्यवान।
सो मत जग में चादर तान।।
जीवन सफल हो जाएगा।
कल जब सारा खो जाएगा।।
सतगुरु ही हैं मन के धोबी।
लिखते लिखते आंखें रो दीं।।
नयन जल से मैं धोऊं चरण।
सतगुरु ने किया अज्ञान हरण।।

अब होगा नहीं कभी मरण।
हैं सतगुरु हमारे आभरण।।
मैं सतगुरु में मिल जाऊं।
तन तज कर निःतत्व पाऊं।।
मेरी वाणी हो रही मौन।
इस जग से हो मेरा गौन।।

22. पेट की उपज फैलावे रोग

पेट की उपज फैलावे रोग।
पेट की उपज रखें निरोग।।
मानव जन्म से शाकाहारी।
नख दंत की पंक्तियां प्यारी।।
हिंसक के सभी नख नुकीले।
चाट चाट कर पानी पीले।।
जिंदे को मुर्दा कर डाला।
पका पकाकर बनाया निवाला।।
अहिंसक से हिंसक बन गये।
मानवता तज दानव तन भये।।
नौ माह में बाहर आया।
बन गया भगभोगी काया।।
इस काया को साधन बना निज को जानें।
बनवारी धाम मानें।।
हमसब मानव बनें भले।
आवें मिलकर हम चलें।।
पाप पुण्य के बीच में।
जीना नहीं है नीच में ।।
मानवता जिंदगी मेरी।
जानें में क्यों करें देरी।।

23. तन मन धन सब किस काम का

तन मन धन सब किस काम का?
छोड़ धरा से जाना है।
मोह माया को दे तज तुम,
फिर कभी नहीं आना है।।
लेकर आया था क्या तुम?
लेकर तुम्हें क्या जाना है?
तन धन मन सब छूट जाएगा,
खाली हाथ ही जाना है।।
धन खातिर बेईमान बना तुम।
हो जाओगे मिट्टी में गुम।।
निज जीवन में तुम काम चुन।
काम न धन पुत्र सुन।।
रोना है तुम्हें देख बुढ़ापा।
जला देंगे तुम्हें त्रितापा।।
आई जवानी बचपन बीता।
मौत तुमने नहीं जीता।।
हैं सतगुरु शाश्वत पिता।
उनकी जलती कभी न चिता।।
दुनिया को निर्गुण नहीं भाता।
काम क्रोध लोभ सदा धाता।।

जग में जड़मति बनो नहीं,
जड़ ही जग में है नश्वर।
तुम चेतन सत नि:तत्व हो,
हो भवसिन्धु में ज्ञान प्रखर।।
काम ग्राम सुहावने लगते,
तेरे लिए नहीं उपयोगी।
स्वयंभू तुम तुम्हें ज्ञान नहीं,
अब बन जाओ स्वखोजी।।
खोजते खोजते खो जाओ।
स्व में डूबकर स्व को पाओ।।
सबका चेतन ही है सहारा।
चेतन ही है ज्ञानाधारा।।

24. अन्तःवन का सतगुरु माली

अन्तःवन का सतगुरु माली।
पुनर्जन्म से हमें बचाली।।
था तन विषयों का योगी।
अहर्निश बना रहता रोगी।।
कफ पित वात घेरे दिनरात।
निर्मल मन करे पश्चाताप।।
धन्य धन्य मेरे सतगुरु माली।
अतःवन का सतगुरु माली।।
जीवन जीना सीख लिया।
अब मुस्काता सदा हिया।।
सतज्ञान सतगुरु ने मुझे दिया।
कलुषित मन को पावन किया।।
आ गई जीवन में खुशहाली।
अतःवन का सतगुरु माली।।
मैं अनगढ़ था ज्ञानवान किया।
ज्ञान संजीवन पिला दिया।।
सत जीवन जीना सीखा।
रोम रोम में सत ही सत लिखा।।
है बात जीवन की निराली।
अन्तःवन का सतगुरु माली।।

मृत्यु को वरण अब करे नहीं तन।
सत का दर्शन हो हर क्षण क्षण।।
सत पुत्र बना दिखाया सत।
जग की माया न करे आहत।।
निज स्वरूप में सतगुरु ने ढाली।
अतःमन का सतगुरु माली।।
मैं भूल गया मायावी काल।
साहेब ने किया मालामाल।।
देखा मैंने अरुप विशाल।
बन गया सतपुरुष का ही लाल।।
निःतत्व काया मुझे दे डाली।
अतःमन का सतगुरु माली।।

25. दर्शन की कला सीख सतगुरु से

हर जीव पर तुम कर रहम।
तेरे अंदर में बसता यम।।
जग में कर तुम ऐसा करम।
साथ साथ रह हरदम।।
सोचो दिल कहां हूं मैं।
कर नेकी तुम जहां में।।
जीयो मिलकर इसी जमीं पर।
हंसो न किसी की कमी पर।।
भुवन ही है घर हमारा।
न करहूं घर का बंटवारा।।
हम सब जमीं के इनसान।
मिलकर जी लें हम भगवान।।
वेशभूषा में अलग हम।
हैं एकता में एक हम।।
मन मंदिर है मेरा तन।
हम सबका है एक वतन।।
अहिंसक बन जीवन जी ले।
इसी धरा पर अमृत पी लें।।
राम बसा है सबके तन में।
लावें खुशी हर जीवन में।।

आत्मज्ञान तुम्हारा धरम।
कर लो जग शुभ करम।।
सभी जीवों में एक ही राम।
मिलेगा जानो शाश्वत विश्राम।।
धरती नहीं मेरा मुकाम।
ले ज्ञान दान तन में तमाम।।
देह गेह को बांट रहा तुम।
अज्ञान नींद में हो रहा गुम।।
निज दीखता है सब तन में।
सीखो देखना जनजन में।।
दर्शन की कला सीख सतगुरु से।
विनम्रता ला मन में शुरू से।।

26. मन सदा सृष्टि प्रपंच में मिला

मन सदा सृष्टि प्रपंच में मिला।
कहो कैसे जीवन सुमन खिला?
चित्त निज दृष्टि में स्थिर करें।
ध्येय और लक्ष्य लवलीन करें।।
मन सदा संसार में भ्रमण करे।
मन के अधीन न गमन करे।।
मन की अधीनता पुनर्जन्म है।
इन्द्रियों का विषय ग्रहण यम है।।
विषय लीन चंचल चित्त को रखें वश में।
लक्ष्य में मलीन क्यों रहे स्वस्थ में।।
भूत भविष्य डूबे नहीं कभी।
वर्तमान में जीएं मुक्त होंगे सभी।।
यम का पीछा करें न, नहीं निकलेगी आह।
इस धरा पर मिटा दो अपनी चाह।
कहैं नरेन्द्र नाथ दास दिखावे सतराह।।

27. जिन्दगी एक बुलबुला है

जिन्दगी एक बुलबुला है।
मोहक जग में भूला है।।
लगी माया की झूला है।
जीने की न सीखी कला है।।
अहंकार में ही फूला है।
ज्ञानपट नहीं खुला है।।
सुखदुख की लगी तुला है।
द्वंद्व की चासनी में घुला है।।
जिन्दगी बस एक तुला है।
सतसंग से नहीं धुला है।।
जीवन को कभी न रुलाएं।
निर्विकार मन को सुलाए।।
सतगुरु को पास बुलाएं।
मिलने के लिए अकुलाएं।।
अंतिम नींद न कभी आए।
सतगुरु हममें उतर जाएं।।
जीवन सफल हो जाए।
सतगुरु में हम खो जाएं।।
नरेन्द्र नाथ दास गाएं।
स्व को नहीं भूल पाएं।।

सतत सत में सदा रहे दास।
हो सतगुरु में मेरा निवास।।

28. पांच की सलाह मत मानिए

पांच की सलाह मत मानिए।
पांच हैं बैरी हमारा जानिए।।
पांच का घेरा बड़ा अजीब है।
इससे निकलने का न तरकीब है।।
आंख पट हमारा बंद है।
मन की चंचलता न मंद है।।
नेत्रपट पर जग छबि चलचित्र है।
भ्रम में डालता हमें न मित्र है।।
मन के पार जाना आसान नहीं।
सतपुरुष बिना निज ज्ञान नहीं।।
तैरना सिखाते हैं सतगुरु।
पकड़ चरण अभी से हो जा शुरू।।
शरण में आए को लगाते हैं गले।
देर क्यों आइए हम मिलें।।
पाप ताप सब जल जाएंगे।
दर्शन ज्ञान ज्योति के पाएंगे।।
पाइए जीवन जीने की कला।
इसी में छिपा है सबका भला।।
मैं है अमृत अमृत बांटिए।
समभाव में समाज को पाटिए।।

29. इस मकान में चेतन स्थायी नहीं

इस मकान में चेतन स्थायी नहीं।
सतसंग सुन भावना आई नहीं।।
यह मकान छिद्रों का खान है।
सोच तेरी जगत में क्या पहचान है।।
क्यों ढोते हो तुम वासनाओं की ढेर।
सतगुरु के चरण में चल कर ना देर।।
तेरे मन में गरजते हैं चालीस सेर।
सत पर चलकर कर दे ढेर।।
आनेजाने की पंक्ति में हो न खड़ा।
विषयों से भरा मत बन तुम घड़ा।।
अपनी पहचान का तुम ज्ञान मोती जड़ा।
अज्ञान तम भगा चेत चेत ये जरा।।
मन भवसागर में तूफान आने न दो।
मन की चंचलता को छाने न दो।।
मोहिनी माया के हाथ बिकने न दो।
सतगुरु के चरण को सजाने दो।।

30. जन्म मृत्यु का पल्ला छोड़

जन्म मृत्यु का पल्ला छोड़।
जग में लगी इसी की होड़।।
क्यों पीते विषय विष भाई।
जन्म जन्म से दृष्टि न पाई।।
जीवन तुम्हारा बना असार।
बसा लिया दुखद संसार।।
संसार छोड़ चल मेरे संग।
अबतक बने रहोगे पतंग।।
आ सतगुरु के संग निहाल।
कट जाएगा तेरा मायाजाल।।
स्व को तुम गया है भूल।
जीवन को बनाया सत रज तम त्रिशूल।।
भूल सुधारो सतगुरु को पा लो।
सत शाश्वत में निज को ढालो।।
निज को पहचाना सब कुछ जाना।
भ्रम मिटा पाया निज ज्ञाना।।
कहैं नरेन्द्र नाथ दास सतभाई।
पलटो भूल को सतघर आई।।

31. मन का गुलाम मत बन

मन का गुलाम मत बन,
आ बनवारी धाम चल के।
तुम पर दया है सत की,
आंखों में आसूं छलके।।
कल की आशा तो तुम,
आज हैं तुम्हारा निज धन।
तन मन में अब न झूलो,
नश्वर तुम्हारा सब जन।।
सत वाणी में ही डूब जा।
मोह माया से तुम उपजा।।
सत राह को पकड़ लो।
तज ज्ञान से तू जड़ को।।
आए हो जग में जागो,
जगना जीवन सफल है।
मौत संग हो तुम जीते,
काम क्रोध ही गरल है।।
तन भार जब बनेगा,
ढोना होगा कठिन तब।
रो रोकर तुम कहोगे,
मरने को छोड़ दिया सब।।

रो लो आंसू बहाकर,
आंसू न रहेंगे।
यह जग सदा क्षणभंगुर,
तेरी मूर्खता पर हंसेंगे।।
हंसकर जाना है जग से,
तुम हंसना भी जाना।
छोड़ोगे दुनिया जब तुम,
होंगे रो रोकर रवाना।।
जबतक है श्वास आशा,
दुनिया को न निहारो।
आए हम अकेले,
इसपर सदा विचारो।।
शाश्वत न तन न घर है,
अहंकार इसपर तेरा।
वासनाएं ही हमारी,
जब लूट लेगा डेरा।।
फूट फूटकर तुम रोओगे,
कोई काम भी न देगा।
जगकर रहो सदा तुम,
यम प्राण जब हर लेगा।।
त्याग की आग में अब,
तू वासना जला दे।
पाला पोसा तुम्हीं ने,
अब नित नई कला दें।।
संसार एक सराय,
दुनिया में द्वंद्व लाए।
संसार हम बसाए,

पर में स्वयं को फंसाए।।
पर का पर नहीं करना।
स्वयं को पर में दर्शन करना।।
स्व और पर में भेद कहां?
सर्वत्र तुम्हारी जय यहां।।
सीखो झांकना सब शरीर में,
खुद को देखो पर पीर में।
तुम भला तो जग भला,
देखोगे दृग नीर में।।
स्व सत है पर है माया।
क्या यहां तुमने पाया?
जन धन सब बेकार है।
जीवन की हार है।।
घटते घटते तन घटा।
फिर भी मोह नहीं मिटा।।
जीवन में तुम क्या पाए?
खुशी का गीत नहीं गाए।।
जीवन की यात्रा व्यर्थ गयी।
अर्जित सम्पति भी छूट गयी।।
मौत को भी नहीं जीता।
जाएगा जग से जीवन रीता।।
अब भी चेत मन अनुरागी।
अब भी तो बन मन का बागी।।
बोझ वासना की मन में लादी।
कर आत्मा के दर्शन दागी।।
बोझ फेंको फिर नहीं आना।
कर सतगुरु नहीं पछताना।।

हम धरती के अनजान राही।
जीवन पर चढ़ा ली काली स्याही।।
माया ज्ञान हर लेती है।
ज्ञान प्रकाश न देती है।।
मोह धरा पर मनरिपु।
भूल गए स्व को स्वविभु।।
मिल गये सतगुरु इसी जीवन में,
सतगुरु से ही मेल कर लो।
चल शरण में पड़ चरण में,
अब माया संग न खेल करें।।
जग में तन को मर मिटना है,
हैं मेरा तन यह नश्वर।
तन को जो रखा जिन्दा है,
वहीं है निज चेतन अमर।।
आना जाना मिट जाएगा,
मिट जाएगी अज्ञानता।
ज्ञान की है सतत ज्योति,
वहीं दर्शन है सत राम का।।
आत्मदर्शन कर ही चलना,
क्षणभंगुर संसार से।
धरती पर न आना होगा,
आत्ममिलन हो प्यार से।।

32. नश्वर तन संशयसार है

नश्वर तन संशयसार है।
मैं ही तन में संगसार है।।
यह सतपुरुष का ज्ञान है।
इसमें न आन बान शान है।।
होगा तन पंचतत्व में विलीन।
संगसार में हो सदा तल्लीन।।
है संगसार तेरा आत्मधन।
शरीर विवशता है क्षण क्षण।।
निर्णय तुम्हें ही करना है।
बनें बोधवान न मरना है।।
जीवन मरण मैं के हाथ में।
संगसार सदा ही साथ में।।
यह ज्ञान कोई नहीं जानता।
जीवन जीता है अभिमान का।।
अहंकार है तेरा प्रबल।
हो प्रिय तुम्हें आत्मबल।।
कल छल न हो कभी तेरे पास।
तुम जीते हो जीवन उदास।।
माया का दास नहीं बनना है।
आत्मज्ञान हमारा गहना है।।

मन ही निरंजन माया है।
संसृति में भरपूर छाया है।।
माया से प्यार नहीं करना।
काया को हरबार होगा जन्मना।।
मैं शाश्वत सत है धरणि पर।
एक दिन जलेगा तन अवनि पर।।
कोई नदी में बहाकर घर जाए।
कोई मिट्टी देकर जाए।।
यही रह गई तेरी सारी कमाई।
मौत के बाद काम नहीं आई।।
पाप पुण्य बटोरा जग का।
बन गया बंधन तेरे पग का।।
पुनर्जन्म का मिलेगा हिरासत।
होगा आजीवन बंधन विरासत।।
कर सतगुरु से मेल मूरख।
वासना जलेगी तेरी शिखासे नख।।
सतगुरु बिन मुक्ति नहीं होती,
आत्मज्ञान में डूबे सब कोई।
जा अब शरण में सब मिल लोग,
शरणागत सब हैं सतगुरु सोई।।
बनवारी साहेब- सा ज्ञानवान न कोई।
साक्षात सत चेतन धरा पर सोई।।
जन जन में रहते हैं समझता नहीं कोई।
परम पिता सतपुरुष सतगुरु होई।।

33. सब तन में विराजित न्यायाधीश

सब तन में विराजित न्यायाधीश।
इसका नहीं देता कोई फीस।।
इसकी ओर किसी का ध्यान नहीं।
सबमें बैठा है अभिमान नहीं।।
है इससे सबका सम्बन्ध अटूट।
किसी को नहीं पता अद्भुत।।
शेष सम्बन्ध है सदा टूट।
इसे जान नहीं पाया अवधूत।।
सत शाश्वत तन भाया है।
इसी तन में अमृत समाया है।।
चेतन केतन को जाना नहीं।
संसारी सब अयाना नहीं।।
जीवन में कभी जगना न सीखा।
निज तन में शाश्वत सत न दिखा।।
जीवन को शाश्वत मान लिया।
मृत्यु पश्चात मिला जीवन नया।।
जीवन मरण की खेल देखी।
जीवन में किया न कभी नेकी।।
नीयत खोट पर पड़ी न चोट।
आहत मन जाना नहीं ओट।।

जीवन की कर पहरेदारी।
मन करता नहीं खातिरदारी।।
बिना सिर पैर का है बैन।
मृत्यु निकट है नहीं चैन।।
मृत्यु को जीत नहीं पाए।
आजीवन खिन्न आंसू आए।।
न जीवन पाया न मौत प्रिय।
जीवन भर खाली रहा हिय।।
न 'स्व' समझा न 'पर' समझा।
'स्व और 'पर'के बीच खूब उलझा।।
'पर' के गुरु बहुतेरे हैं।
जीवन भर मानव को घेरे हैं।।
अब बात मेरी मानो भाई।
हूं सहोदर नहीं हूं सतभाई।।
सहोदर सदा मर जाता है।
सतभाई अमर कर जाता है।।

34. सतसंग में है बदलाव आया

सतसंग में है बदलाव आया।
संसार की ओर न ध्यान गया।।
अब हम निर्मलता की ओर चलें।
सारा विषय अब सबका जले।।
विषय ही नरक की कल्पना है।
विषय मुक्त होना न सपना है।।
दान पुण्य का चक्कर छोड़।
चलेंजीव कल्याण की ओर।।
सृष्टि के जीव सतभाई।
उनपर दया क्यों नहीं आई?
सोच जरा आंसू छलके।
अनेक में एक चेतन सबके।।
सतभाई पर तुम दया करो।
दिल में सहानुभूति धरो।।
आंसू की कीमत क्या जानो।
छलकी आंखों में तुम झांको।।
दयावान बन जग में जीयो।
प्रेम बांट और प्रेम पीयो।।
प्रेम सुधा रस मन में हो।
पुनर्जन्म फिर कभी न हो।।

आंसू छलके नयनों से।
सबको ख़ुशी दो बैनों से।।
हृदय हमारा पिघल गया।
सबको हो नित जीवन नया।।
जग में होती है मृत्यु तन की।
अमर गाथा है चेतन की।।
तन मन धन सब व्यर्थ यहां।
जीवन जीने का हो अर्थ यहां।।
सात में सत है छिपा हुआ।
धरा वीर करें हुआं हुआं।।
सतगुरु धरा पर विरले हैं।
बनवारी साहेब हर उर में हैं।।

35. कर ले सतगुरु से प्रीत

कर ले सतगुरु से प्रीत।
लोगे मृत्यु को जीत।।
आया धरा पर क्या हमने सीखा।
माता पिता से न मांगी भिक्षा।।
सत पिता मुझे आचरण सिखाए।
सत पिता ही ज्ञान की शिक्षा दे पाए।।
झूठी काया झूठी माया।
माया से होकर मैं भी आया।।
माया बन गई मेरी माता जी।
आप सतगुरु ज्ञानदाता जी।।
सत की सदा ही पाठ पढ़ाए।
माता की ममता नहीं मुझमें आवे।।
हो जग में न सहोदर भाई।
जो भी मिले हों मेरा सतभाई।।
तन आंगन में हो सत निवासी।
हो न कभी हमसब प्रवासी।।
मृत्यु लोक नहीं मेरा घर।
मिटा दें यहां सब पर ही पर।।
हे ज्ञान जन्मदाता मेरे विधाता।
मुझे बना दें सर्वस्व ज्ञाता।।
मेरे मन से दुर्गुण दूर हो।
आप जगत में सबके नूर हो।।

क्षिति जल पावक गगन समीरा।
इन तत्वों से मैं हूं धीरा।।
ज्ञान ज्योति का दर्शन तत्क्षण।
सत चेतन हूं अजन्मा तत्सम।।
आपकी दृष्टि पा मैं दयावान हूं।
मैं सतपुत्र भाग्यवान हूं।।
आप ही हैं सदा मेरे साथ संग।
प्रफुल्लित है मेरा अंग।।
आंखों में अविरल धारा है।
मेरे जीवन के सहारा हैं।।
नरेन्द्र नाथ दास कहैं आप हैं मेरे मूल।
निर्विकार स्वयंभू रुप दर्शाये था भरा त्रिशूल।।

36. मन है काला

मन है काला है मन मतवाला।
मन की नहीं मानो बात।।
मन है चोर मचाए जग शोर।
मन ही नहीं होता है भोर।।
मन की गुलामी पर करो नहीं जोर।
मन को जानो मन माया चहुंओर।।
मन महल में बसे सोलह चोर।
ज्ञान की चोरी कर लिया बटोर।।
संसार की रचना मन की मनमानी।
मानव जगत है सर्वथा हानि।।
तन धन का मालिक मन बेईमान।
सहोदर जगत में किया न निर्माण।।
मन है उदंड करें सर्वत्र प्रपंच।
मन की मनमानी देखो देकर मंच।।
नरेन्द्र नाथ दास कहैं मन पर लगा लगाम।
अंत में मन ही पावेगा विश्राम।।

37. बिना बीज का फल है चेतन

बिना बीज का फल है चेतन,
इसे कैसे तुम पाओगे?
सतगुरु के चरण में जाना,
सतगुरु चरण सजाओगे।।
सतगुरु की सेवा करके,
सतज्ञान है पाना।
सतग्राही बन,
जीवन जी ले।।
आत्मज्ञान निशाना है।
सत दर्शन कर,
सत जीवन सदा निभाना है।।
जिंधर देखो उधर ही सत है,
सत निर्णय सुखदायक है।
सत को छोड़ जगत असत है,
बीज असत का जन्म नायक है।।
सत आत्मा हम सब सनातनी,
सत सत सत जनम बिताना है।
हम अजन्मा बन जायेंगे,
जग से मृत्यु को मिटाना है।।
नरेन्द्र नाथ दास कहैं,

इसी में है चेतन सांस।
चेतन को कभी देखा नहीं,
जानो चेतन को रहो साथ।।

38. गंगा से भी पावन चेतन

गंगा से भी पावन चेतन,
चेतन में स्नान करो।
चेतन बिन जीवन है मुर्दा,
चेतन को सर्वशक्तिमान कहो।।
गंगाजल पावन निर्मल नहीं,
सारी गंदगी गंगा में।
गंगा स्नान कर होंगे पावन,
जीवन जी लेंगे चंगा में।।
यह कैसा प्रचार जगत में,
जड़ हैं गंगा के प्रचारक।
जड़ ही हैं बनें जननायक।।
जब तक चेतन है तन में,
न तन मरता न गलता है।
चेतन ही है जीवन जड़ का,
चेतन पर ही तन पलता है।।
सत चेतन अजन्मा अमृत सर,
है चेतन सुनता तेरी पुकार।
चेतन के संग पलपल रहना,
चेतन तन का अमर उपहार।।

39. मन गुरु संसारी गुरु इच्छाधारी गुरू

मन गुरु संसारी गुरु,
इच्छाधारी गुरू।
मन की इच्छा,
कल्पना के है कुरु।
जड़ मन भागता,
तन नहीं जानता।
मन दीखता नहीं,
मन जानता।
चेतन बिन,
आंखें कैसे देखे?
मन है अगोचर,
जन नहीं जानता।
मन शरीर से,
बाहर भागता।
बाहर से,
अंदर भी लौटता।
मन चंचल ,
है दिल नहीं।
गुण अवगुण का,
मन है खान।

शरीर छोड़ मन,
भ्रमण करता।
तन में वापस आ,
गमन करता।
तन का,
भ्रमणशील मन से,
क्या नाता।
मन चंचल,
तन में हलचल।
गतिमान मन,
दिल होता न।
आघात खाकर,
रोता मन।
मन सगुण-दुर्गुण,
का है खान।
दो नीयतों का,
मालिक मन।
रचता दुनिया में,
प्रपंच।
मन गढ़ता है,
अनगढ़ सृष्टि।
सृष्टि बिन,
मन लगे कैसे?
सुन्दरता सृष्टि है निराली।
आंखें देखती,
बजती मन की ताली।
दृश्य जगत का,

मन ही (मालिक)माली।
दृश्य जगत का,
सृजनकर्ता।
इसी दृश्य में,
मानव भूला।
मोहिनी माया में,
खूब झूला।
माया लगती,
कितनी मनोहर!
क्षण क्षण होती है,
जड़ की मौत।
वासनाओं का,
कर हनन।
मिट जाएगा,
खुद मनन।
बिन मन से हो,
आत्मदर्शन।
अंतःकरण में,
भोर सुहानी।
मन ने मनन किया।
किया चित ने चिंतन।
बुद्धि ने निर्णय सुनाया।
हुआ अहंकार का हनन।
सत चेतन राम के,
दर्शन हुए।
मिट गयी सृष्टि।
आनन्द की हुई वृष्टि।

नरेन्द्र नाथ दास

हुआ अमृत पान।
हुआ विहान।
हुआ आत्मज्ञान।
हुआ पुनर्जन्म का अवसान।

40. कर ले माया से लड़ाई

कर ले माया से लड़ाई।
हो जीवन तेरा सुखदायी।।
माया खूब तन को ठगती है।
माया क्या मन की लगती है?
मन की लगती नारी।
चतुर उपर मन की प्यारी।।
मन माया के बीच झूलती।
माया की प्रेम मार न भूलती।
जीवन में सबने यही भूल की।।
मन माया से दूर रहो।
अपनी वासना को दूर करो ।।
तन मन में मजबूर अहो।
तन मन धन को न गहो।।
यह जड़ तन है क्षणभंगुर।
मोह माया का उगा अंकुर।।
ले जाता जीवन को नरक घाट।
अंत समय मिला श्मशान घाट।।
निकल गया इस तन से चेतन।
फहर रहा था श्वास का केतन।।
परिचय नहीं हुआ सतगुरु से।
मूर्ख रहा आजन्म शुरू से।।
चेतन ही है तन का जान।

मृत्यु लोक का चेतन मेहमान।।
सतगुरु की खोज खोज किया न ।
भटकन भरी जिंदगी जियान।।
अब जन तन धन शेष हो गया।
जीवन की करनी से रो गया।।
आंसू पी पी जीवन जीता।
सतगुरु विहीन जीवन रीता।।
नरेन्द्र नाथ दास कहैं,
अब भी श्वास है बाकी।
शेष जीवन में सावधान,
सतगुरु को खोजो साथी।।

41. चेतन बिन तन नहीं हितकारी

चेतन बिन तन नहीं हितकारी।
चेतन बिन तन नहीं स्वीकारी।।
जल्द करो करें नहीं देरी।
रोओ कोई न चलती बेरी।।
देखो घर हुआ सुनसान।
चलो लेकर जल्दी श्मशान।।
रोते पत्नी पुत्र दहाड़ मारी।
चेतन बिन तन नहीं हितकारी।।
जबतक तन में सांस की चाल।
जबतक सेवा करता लाल।।
उठा लिया पिता को काल।
हो गये अब सब बेहाल।।
अंत काल गंगा की बारी।
चेतन बिन तन नहीं हितकारी।।
रोना धोना काम न देगा।
अंत गति बस राम ही देगा।।
"राम नाम सत है" सब बोलो।
यही बोल कर राम रस घोलो।।
श्मशानघाट में मिल सब जारी।
चेतन बिन तन नहीं हितकारी।।

यह संसार की है अंतिम बेला।
खत्म हुआ संसार की खेला।।
श्मशानघाट में मिल सब जारी।
मुक्त हुए नहीं माया थी प्यारी।।
छोड़ गए वे सम्पति सारी।
चेतन बिन तन नहीं हितकारी।।
आए थे बनने माया व्यापारी।
जीते नहीं जिंदगी गयी हारी।।
चेतन बिन तन नहीं हितकारी।
चेतन बिन तन नहीं स्वीकारी।।

42. स्व सबमें है सब स्व में है

स्व सबमें है सब स्व में है।
स्व ही अखंड शाश्वत है।
स्व को अब पहचान।
स्व ही है परम प्रकाश सतज्ञान।
जिधर निहारूं स्व ही स्व है।
जड़ में स्व है समाया।
सतशिष्य सतगुरू एक हैं।
जड़ में स्व है समाया।
एक से अनन्त से एक है।
स्व अबोल अकह अनाम,
अजन्मा अगोचर निराकार,
निर्विकार स्वयंभू,
सत चेतन आत्मा है।
स्व सम्प्रति मौन,
नाम बताने कौन?

43. जगत में चेतन है सर्वव्यापी

जगत में चेतन हैं,
सर्वव्यापी।
हो चींटी छोटी
या विशाल हाथी।।
तन चलता है
जीव की झांकी।
दिल में बसा लो
या लगा लो छाती।।
हर लो कष्ट जीवन को,
देखी आंखी।
दयावान की,
करुणा जागी।।
न हारी जगत में,
दया की बाजी।
भवसागर खेवैया,
सतगुरु मांझी।।
बुझने न देंगे,
कभी मेरी बाती।
वासनाओं की बोझ,
नहीं मैंने लादी।।

बीत गयी मेरी जिंदगी,
है मेरी आंधी।
बची जिंदगी से,
भागी व्याधि।।
सतगुरु ने मेरी,
पाणि थामी।
धुल गरी,
जिंदगी की खामी।।
जिन्दगी में आई,
कभी न खाई।
सतगुरु ही जीवन का,
आनंद भाई।।
अज्ञानता में,
कहता रहा त्राहि।
मैं तो बना,
सतपथ का राही।।
सतगुरु में,
सर्वस्व मैंने पाई।
पाटे जीवन की,
सब मेरी खाई।।
मेरी जिंदगी,
बगिया की है माली।
दुखद जीवन में,
नयी नींव डाली।।
अनगढ़ जिंदगी को,
सुगढ़ में ढाली।
जीवन जीया,

सतगुरु ने पाली।।
लड़खड़ाती जिंदगी को,
दी नई राह।
भटकता जीवन,
बन गया बादशाह।।
नरेन्द्र नाथ दास,
कहैं साहेब हैं पास।
त्रितापों का,
कर दिया नाश।।

44. ज्ञान के लिए मन हो अचल

ज्ञान के लिए,
मन हो अचल।
इच्छा रिपु है,
रहती है मचल।।
इच्छा को मारना,
है एक कला।
जिन्दगी का कैसे,
होगा भला।।
सतगुरु बिन,
भवसागर पार ना।
अनुशासित हो मन,
इच्छा को ताड़ना।।
भवसागर है मन,
सतानन्द आत्मा।
गर्भ में लाता है मन,
यम करे खात्मा।।
मन है सृष्टि करे,
माया की वृष्टि।
मार दो मन को,
हो स्व की दृष्टि।।

जड़ मन को मैंने जाना,
चेतन है ठिकाना।
चेतन निज स्वरूप,
सदा है समाना।।
आंखें सदा ही बंद रखो,
सृष्टि मिट जाए।
सृष्टि मुक्तिदायी नहीं ,
स्वयं ही पिट जाए।।
"स्व" अनादि अकह,
अगोचर है स्वयंभू।
नरेन्द्र नाथ दास कहैं,
अज्ञानता हो जाए छू।।

45. माया के घरवा टूट जाती

माया के घरवा टूट जाती।
माया के घरवा लूट जाई।।
माया के नाता से नहीं वास्ता।
एक दिन बंद होई माया का खाता।।
माया मोहिनी करती है दोहन।
संसार सागर में उतरे हो ओऽम।।
चेतन के चेत ना कहते हो सोऽम।
मन का दास बना मनमोहन।।
मानव शरीर है एक किला।
हो रहा दिन पर दिन ढीला।।
मन कामनाओं में है खिला।
चला रही है सिलसिला।।
मन जगत से भाग चलो।
दिन पर दिन फलों फूलो।।
मन सोलह रंगों में रंगा।
सतरह का स्वयं सगा।।
सत का ही है नाम चेतन।
अवरण फहरता है केतन।।
सत में सतपुरुष का निवास।
इसका होगा कब एहसास।।

जागो मोह माया को छोड़ो।
संसार से निज नाता तोड़ो।।
स्व की दिशा में मुड़ो।
सतपुरुष बनवारी साहेब से जुड़ो।।
आयु दिन -पर-दिन घटती है।
क्या तुम्हें नहीं खटकती है?
वासनाओं की नशा पटकती है।
एकनिष्ठा में प्रीति क्यों बंटती है।।
नरेन्द्र नाथ दास कहैं देखो पर पर श्वास।
सतगुरु रहें सदा ही पास।।

46. सतगुरु के दर पर गिर

सतगुरु के दर पर गिर।
तुम मस्त फकीर मत देख लकीर।।
मोह माया में मत घिर।
क्यों बना है जग में कीर?
टूट जाए माया जंजीर।
सतगुरु के दर पर गिर।।
तेरा मन अधम है चंचल।
देख मन में तेरी है हलचल।।
मन भागता जग में पल पल।
तेरी जिंदगी में है दलदल।।
तुम मस्त फकीर मत देख लकीर।
सतगुरु के दर पर गिर।।
उम्र तुम्हारी पर पर ढलती।
मौत के आगे कुछ नहीं चलती।।
सोच जरा तुम बीते कल की।
बीती जिंदगी तेरी छल की।।
मोह माया में मत घिर।
सतगुरु के दर पर गिर।।
शिशुकाल बीता बीत गयी जवानी।
यों ही श्वास है हमें गंवानी।।
जिन्दगी बन गई धरा की कहानी।
काम क्रोध तज जीयो जिंदगानी।।

लग जा जीवन के तीर।
सतगुरु के दर पर गिर।।
मोहक जग में मन अरुझाया।
अपनी भूल को समझ न पाया।।
है कारा मन मन में बंधा।
इस बंधन में मैं हूं अंधा।।
सतगुरु शरण में ले कर दें सबको थिर।
सतगुरु केंद्र पर गिर।।
कलिकाल में सतगुरू मिल पाया।
मन के सारे विषयों को मिटाया।।
अंत:करण बना मेरा दर्पण।
किया स्वयं को चरण में अर्पण।।
हरते जग में पर पीर।
सतगुरु केंद्र पर गिर।।

47. हैं सभी में सतकबीर

सत चेतन सत वर्तमान।
जीवन हो सदा सतवान।।
पंचतत्व है मृत समान।
अभी तक आप हैं अनजान।।
मोह माया का तोड़ जंजीर।
हैं सभी में सतकबीर।।
मोह न कर तू जड़ तन से।
मोह न कर तू तन पवन से।।
हो मगन न तन गगन में।
हो जीवन तेरा निज लगन में।।
बहा न अश्रु नीर।
हैं सभी में सत कबीर।।
नीरसता जीवन में न आवे कदा।
धरा न घर है बोलें सदा।।
विषयों को तन से भगा सगा।
न मोह तिमिर में भटक गगा।।
दो मोह माया को चीर।
है सभी में सत कबीर।।
अबतक निशा में सोना?
जग में एक दिन है सबको खोना।।
जर्जर तन मुश्किल है ढोना।
पाप पुण्य का बीज है बोना।।

चल छोड़ जन धन रे शरीर।
तन छूटा बही अश्रु धारा।।
तज जन धन बन फकीर।
हैं सभी में सत कबीर।।

48. राजनंदिनी हरिनंदन के तीन धिया

जग में आकर तुमने रोया।
समझो कि सब कुछ खोया।।
धरती पर आते ही रोना।
मां की गोद में खूब सोना।।
मां सुनावे गा गा लोरी।
मां होती है कितनी भोली।।
सुख चैन तुम पर है लुटाती।
मां को सुख चैन तब आती।।
क्षण क्षण में मां डोलावे।
बेटा कहीं ना जग जाए।।
मां की ममता अजब निराली।
गोद में खिलाकर हमको पाली।।
खुद उपवास रहकर खिलाती।
मां की ही ममता दूध पिलाती।।
पिता ने ज्ञान की बातें बताई।
साधु थे साधुता आई।।
पिता ने संस्कार दिया।
राजनंदिनी हरिनंदन के तीन धिया।।

49. सदा मन करता है विषपान

सदा मन करता है विषपान।
रहो तुम इस जगत में सावधान।।
रहोगे कबतक तुम अज्ञान?
भटक मत मन की बात न मान।।
माया मोह लोभ भय शोक।
द्वेष क्रोध कामना को रोक।।
अमर नहीं यह तन है तेरा।
इसी को बना लिया तुम डेरा।।
दिन दिन देह हाड़ और चाम।
होगा जर्जर पलपल बेकाम।।
आंख नाक कान जिह्वा चर्म।
जानो इनका भी तुम भी मर्म।।
मन चित बुद्धि और अहंकार।
डूबो इनमें जानो सार।।
जाओगे तब भव के पार।
हो दृश्य तुम्हीं मोहक संसार।।
संशय अविद्या को भी तज।
मत रम इस घट में न सज।।
छोड़ कल्पना नाद विंद दृश्य।
हो तुम परम पावन अदृश्य।।

साधन नहीं केवल व्यवहार।
करो साधना चित न छाड़।।
नश्वर तन से कर मत मोह।
एक दिन जग से होगा विछोह।।
मन का झगड़ा जग में भारी।
मन को बूझो तुम हो अनाड़ी।।
विषय कुसंग भोग का कर त्याग।
यही है जीवन जलती आग।।
झगड़ा फसाद का जड़ है मन।
मलीनता है मन का पतन।
मन ही तव प्रबल दुश्मन।।
मन वंचक है मन ही ठग।
मन चंचल है मन ही खग।।
मन जाल है मन ही काग।
मन काल है मन से भाग।।
मन ही बदलता है प्रतिक्षण।
मन नहीं जाता किसी शरण।।
है चालीस सेर का शक्तिमान।
है जग को करता परेशान।।
बस में करना नहीं नहीं आसान।
है इस घर का यह पहलवान।।
हंसता रूठता है क्षण क्षण।
मन ही है तन प्रबल दुश्मन।।

50. जग में स्वयंभू सत बनवारी

आवें मिलकर करें जयकारी।
जग में स्वयंभू सत बनवारी।।
आवें चरण में शरणापन्न हो।
राग द्वेष मेरा अर्पण हो।।
वासनाओं का होम करें हम।
मिटे हमारा आन बान तम।।
जड़ जग से हो सबकी विरक्ति।
प्रकट हो मन में निःतत्व भक्ति।।
जीवन को निखारे सत ज्योति न्यारी।
जग में स्वयंभू सत बनवारी।।
दो नीयतों से रहें सदा दूर।
सतगुरु के चरण में है सत नूर।।
हो अहंकार मेरा चूर चूर।
करूं सेवा चरणों में भरपूर।।
तन मन धन की मोह माया मारी।
जग में स्वयंभू सत बनवारी।।
स्मृति में पल पल सतगुरु आवें।
सुख शांति आनन्द मुक्ति पावें।।
चितवृति हो सदा निधान।
पांचवें हम सब शाश्वत ज्ञान।।

आत्मलीन हों हों निर्विकारी।
जग में स्वयंभू सत बनवारी।।
हृदय हमारा सदा निलय हो।
नि:तत्व नि:तत्व में विलय हो।।
मन की चंचलता का ही क्षय हो।
उनकी याद में जीवन तय हो।।
सत चित आनन्द हो आचारी।
जग में स्वयंभू सत बनवारी।।
आप ही से सत दीखता जग में।
हमें सदा रखें निज पग में।।
करता हूं मैं निज का समर्पण।
मेरे जीवन का आप हैं दर्पण।।
आप बिन जीवन है न हमारी।
जग में स्वयंभू सत बनवारी।।

51. रे मन भज सतपुरुष बनवारी

रे मन भज सतपुरुष बनवारी।
हैं जन जन के अज्ञानहारी।।
जगत में आए बन उपकारी।
अनेकों को आत्मज्ञान दे तारी।।
जगत के जन अज्ञान में डूबे।
जीवन से अंतकाल में उबे।।
जीवन की कला कभी न सूझे।
कभी न जीवन की पहेली बूझे।।
जीवन भर निभाई अपनी यारी।
ले मन भज सतपुरुष बनवारी।।
दोपहर जीवन का आया।
उसकी छुटी न कभी माया।।
माया ने घेर ली जिंदगी।
नहीं जाना कभी बंदगी।।
देख जिंदगी दुखद हारी।
रे मन भज सतपुरुष बनवारी।।
धरा पर आ गये हैं परम।
जीवन में भर देंगे सम।।
खोखली जिंदगी मत जीएं।
सतगुरु का वचनामृत पीएं।।

सुन सतसंग सब नर नारी।
रे मन भज सतपुरुष बनवारी।।
निकट में जो भी आया।
भर गई मुस्कान से काया।।
गिर पड़े चरणों में साधक।
लगता उनपर है मेरा हक।।
अपनी जिंदगी हमें दे डारी।
ले मन भज सतपुरुष बनवारी।।
लगते सबको मेरे अपने।
हृदय सब लग गये जपने।।
अंतस् में छा गए गुरुवर।
छलके आंसू नयनों से झरझर।।
निर्निमेष अनन्त को निहारी।
ले मन भज सतपुरुष बनवारी।।
धुल गयी संसार की कालिमा।
जीवन में छा गयी हरितिमा।।
सहज भाव जग गया मन में।
निरत मन हुआ सत सुमिरन में।।
गुरुवर को जिंदगी दे डारी।
रे मन भज सतपुरुष बनवारी।।